Colorful Cities, LLC
1329 N 47th Street #31664
Seattle WA 98103
www.colorfulcities.com
info@colorfulcities.com

100% designed, illustrated and printed in the United States of America.
ISBN: 978-0-9898972-3-5
Library of Congress Control Number: 2018902919

Concept, Design and Text: Laura Lahm
Illustrations: Trevor Essmeier
Art Direction: Jenna Ashley
Cover Coloring: Julie Knutson

For more cities in the Explore & Color series please visit colorfulcities.com

All location information is true and complete to the best of our knowledge at the time of publication. It is offered
without guarantee on the part of the author or Colorful Cities, LLC. The author and Colorful Cities, LLC
disclaim all liability in connection with the use of this book.

Muchas Gracias to our fearless band of Havana explorers and reviewers extraordinaire: Kirk, Astrid, Seth,
Arlene, Elliot, Jennifer S, Mark, Cecile, Leza, Jennifer H, Margot, Laura Q, Elsa and Tai.

Bodega p. 29 Photo Credit: Merrill Images.

A few great ways to *Explore & Color* Havana, whether you're in the city or at home!

- Turn to a random page and let that be your starting point to explore or color.

- Create a scavenger hunt based on the illustrations.

- Drop your pencil on the map and explore the nearest location to your landing point or color that illustration.

- Create a contest to explore as many of Colorful Havana's locations as possible.

- Color an illustration then explore its history in more depth.

- Plan an itinerary based upon your favorite illustrations.

- Color and explore all four of Cuba's nine UNESCO World Heritage Sites captured in the book.

- If you are in Havana, use the map and index (in English and Spanish) to explore the city and color where you visited.

- Follow along and color at home while your parents or friends explore Havana.

- Use these pages as Cuban art for your walls. Perforations at the top of the pages make this easy to do!

Are we missing one of your favorite locations in Havana? It's your turn to create the adventure! Use the designated page at the end of the book to draw your favorite place to explore in Havana.

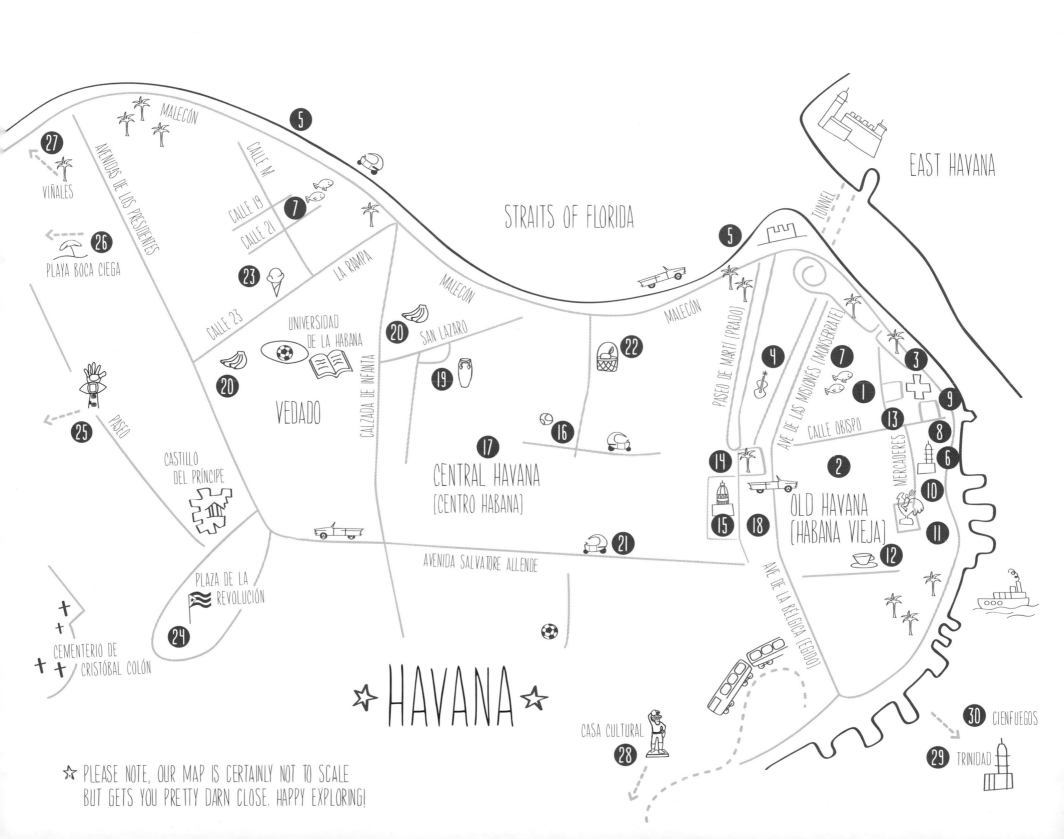

COLORFUL HAVANA LOCATIONS

Please note all the information was correct at the time of publication, but as with all things in life it is subject to change. Happy exploring!

The **Plaza de la Catedral** (Cathedral Square), constructed in the 18th century, was the last of the five main squares built in Habana Vieja (Old Havana). The plaza's focal point and source of its name, Catedral de la Habana, is positioned at the north end of the square and is free to visit. Around the plaza are restored colonial mansions built between 1720 and 1740. If this time period is of interest to you, be sure to stop at the Museum of Colonial Arts on the south end of the plaza, where re-creations of interiors of these luxurious homes are on display.

The historic heart of Havana, **Habana Vieja** (Old Havana), became a UNESCO World Heritage Site in 1982. This designation brought the attention and resources needed to restore Latin America's largest colonial city center to its former glory. This area of Havana typically caters to tourists, but don't let that deter you from wandering the streets. There is plenty to explore!

Completed in 1577, **Castillo de la Real Fuerza** (Castle of the Royal Force) has all the classic components of a fort: a surrounding moat, a drawbridge, 6-meter-wide walls, and a coat of arms. Unfortunately, by the time the castle was completed, its final position was too far inside the bay to allow for its cannons to serve in an effective defensive attack. As a result, el Castillo became the residence of the Governor of Havana. It now serves as a museum.

Music and dance are integral to everyday Cuban life. Whether it's mambo, salsa, or rumba, live music is everywhere in Havana—corner bars, cafes, and, most frequently, on the streets. In the illustration, a band member of **Las Musicas** is playing a güiro, a classic Cuban instrument made of a dried gourd. The güiro is a key component of most rhythm sections. Need a rest from exploring? Try the outdoor terrace café at Hotel Sevilla, three blocks from Parque Central. It's a great casual place for light bites and live music.

The **Malecón** winds along the Bay of Havana and stretches from historic Habana Vieja to the modern neighborhood of Vedado. Locals use this boardwalk as a place to hang out with friends, practice their instruments, cool off during summer evenings, watch the sunset with their significant others, cast long fishing lines, and stroll with their dogs. Walk along any portion of the path to experience Havana as the locals do.

El Caballero de Paris was a well-known and beloved street person who wandered the streets of Habana Vieja for over fifty years. Through gentle discourse, he offered his philosophy of life to everyone who crossed his path and frequently gave small gifts to passers-by. Today, a bronze statue of this colorful character can be found outside the beautiful Iglesia y Convento de San Francisco de Asis (Church and Convent of St. Francis of Asis).

Paladares (privately-owned restaurants), can be found throughout all sections of Havana and offer a wide variety of dining options. Be sure to try some authentic Cuban food, like beef stew with vegetables and sweet fried plantains (ropa vieja con plantanos maduros), which you'll find at a traditional paladare. Traditional dishes are comprised of pork, chicken, or fish and are usually accompanied by rice and beans. For a treat, try the eclectic Mediterranean cuisine of Ivan Chef Justo in Habana Vieja or Café Laurent in Vedado.

If you don't get the chance to travel outside of Havana, **Museo Nacional de Historia Natural** (The National Natural History Museum), provides a great overview of the island's flora and fauna. Exhibits show specimens found only in Cuba and the Caribbean, including our favorite, the skeleton of the extinct Great Sloth. Hands-on workshops and educational programming geared towards children are offered daily.

Established in 1519, **Plaza de Armas** (Arms Square) is the oldest square in Havana and served as Havana's power center during colonial times. An area with five hundred years of history, including plundering pirates, ferocious sea battles, and wars against invading colonial powers, it is definitely a deep dive into Cuban history. This now-calm square is home to a secondhand market filled with classic Cuban literature, history books, and iconic memorabilia.

10 A fantastic way to begin your visit in Havana is with a stop at **Cámara Oscura** (Camera Obscura), a site that provides 360-degree views of Habana Vieja and beyond. Using technology that originated with Leonardo da Vinci, this optical reflection camera gives you a unique perspective of the city and helps you generate ideas for places to visit. A guide, available in English or Spanish, takes you through the city landmarks in roughly 15 minutes. It's a fascinating experience for young and old alike.

After years of decay, **Plaza Vieja** (Old Square) has been restored to its former colonial beauty. What were once residences of wealthy merchants are now museums and restaurants. A few modern sculptures around the plaza add a nice contrast to the classic buildings. If traveling with children, be sure to bring a soccer ball for a pick-up game with new friends.

12 Staying in a **Casa Particular** is one of the best ways to experience the real Cuba and get to know its people. Much like a bed and breakfast or traditional guesthouse, these are homes with short-term rental rooms that typically include breakfast as a part of the night's stay. There are many great options throughout Havana, one of our favorites is Casa Marcia near Plaza Vieja.

13 Traditional meets tourist on **Calle Obispo** (Obispo Street). Originally conceived as a thoroughfare to protect people from the sun, the street stretches from Plaza de Armas to Parque Central. It is lined with traditional shops and restaurants, but the spirit of the calle is its many and varied performers. Stilt dancers, musicians, and clowns on bicycles offer big entertainment for little cost (modest tips are always appreciated!).

14 **Parque Central** (Central Park) is the heart of the city center. Gran Teatro do La Habana (Great Theatre of Havana), Museo Nacional Palacio de Belles Artes (National Museum of Fine Arts), and several hotels stand around its perimeter. A statue of José Martí, Cuba's national hero, resides at the center of this palm-lined park. The park is a delightful place to people watch. Along the stone benches, on the south end of the park (better known as the "hot corner"), fanatics discuss the finer details of baseball: who's the best pitcher, who's injured, who's bound for the majors—all while wearing jerseys or holding baseball equipment. Talk about passion!

15 The impressive dome of **El Capitolio** (National Capitol Building) is the most notable building of the Havana skyline. Somewhat modeled after the United States Capitol, this was the home to government legislative bodies until 1959. Significant renovations are currently underway, intended to restore its former architectural glory, and, when complete, serve as the seat of Cuban government once again. There are many interesting stops within the building itself, with our favorite being Kilometer Zero, a 24-carat diamond (a replica) set in the floor directly beneath the dome, from which all locations on the island are measured.

16 A beloved past time of Cubans, baseball can be seen on a professional level in Havana, with leagues throughout Cuba. Baseball is so popular across the country that even the smallest of towns have a baseball diamond. When kids in cities have no access to a baseball field, they will gladly play in the street, where no fancy equipment is required!

17 With three times as many residents as the neighboring Verdado and Habana Vieja sections of the city, life abounds on the streets of the densely populated **Centro Habana** (Central Havana). Domino games in the park, bicitaxi (bicycle-taxi hybrid) riders, street baseball games, and corner vendors highlight some of the interesting facets of this neighborhood. Unfortunately, Centro Habana hasn't seen the same gentrification as other districts, but don't judge a book by its cover. It's a great place to experience everyday Cuban life.

18 Seeing a 1957 Ford Thunderbird and a 1956 Chevrolet Bel Air on the streets of Havana makes you stop and check your watch. With so many old American cars still on the road, after a while it just becomes a commonplace sight. Over the years replacement parts have been difficult to find in Cuba, thus ingenious mechanics have repaired and constructed homemade parts allowing for the extended life of these antique beauties.

19 Influenced by the many facets of Afro-Cuban religions, **Callejon de Hamel** (Hamel's Alley), a winding street in the northern section of Centro Habana, explodes with vibrant, eclectic art. Wander along the colorful murals, and take in the collection of religious artifacts, shrines to Santeria, and decorated bathtubs, now converted into couches that line the walkway. Small shops sell a variety of religious goods and traditional Cuban crafts. This area's true colors come alive on Sunday afternoons, when Afro-Cuban bands play rumbas and the dancing erupts.

20 Produce fresh from the farm is always such a treat. In Havana, farmers markets (agropecuarios) are found in neighborhoods throughout the city and offer a variety of produce items and homemade goods. While traveling outside Havana, look for fruit and vegetable stands on the side of the road. You're sure to find fresh produce, like mangoes, plantains, yucca, melons, and mini bananas, from the neighboring farms.

21 No visit to Havana is complete without a ride in a **Coco Taxi**. Called "Cocos" because of their resemblance to coconuts, these bug-like taxis are powered by loud, motorbike engines…so don't plan on any conversations with the driver. They come in two colors: yellow for tourists and blue for locals. Coco taxis hold two or three passengers, but beware, as they do not have seat belts. As with all taxi rides, make sure you agree to the destination and price ahead of time. Sit down, hold on, and enjoy the ride!

22 As of this writing, Cubans still use a small booklet (libreta) for their monthly rations of government allocated grocery staples, such as eggs, flour, and meat. **Bodegas**, or small markets, provide these goods and also sell other food items for cash. As a central part of the community, these markets serve as an exchange for local news and a source of neighborhood information.

23 No visit to Havana is complete without a stop at the historic **Coppelia's** Ice Cream. It's said that Fidel Castro himself led the effort to build this first shop in the early 1960s as a result of his passion for ice cream. The most common order, the "ensalada", is five large scoops of ice cream in their iconic, oval bowl. Sure, there will be a long line, but it's worth the wait.

24 **Plaza de la Revolución** (Revolution Square) was created in the 1920s however was not used for political speeches and rallies until after the 1959 revolution. In the dense city, its vast, open 11 acres of space is quite an unusual sight. For a unique visit to the Plaza, be sure to take one of the old American cars that now function as taxis. Cars for hire are easily found around the hotels near Parque Central and in sections of Habana Vieja.

25 José Fuster thought he would bring a little color to his home by adding tile mosaic to its exterior. What started as a small effort to beautify his home developed into **Fusterlandia**. This spectacular compound contains innumerable works of fantastic folk art, as well as a public gallery and his workshop. Be sure to explore the surrounding streets to see these mosaic creations on homes and mailboxes, at bus stops, and on almost anything that does not move! This organic art is truly visual candy.

26 Cuba is filled with beautiful beaches, from the Atlantic Ocean to the Caribbean Sea. A day at the beach makes for a pleasant diversion from the hustle and bustle of Havana. **Playa Boca Ciega** is a great choice among the handful of Playa de Este beaches. Lounge and play in the warm water for a few hours, or spend the entire day relaxing on the gorgeous white sand. It's only 30 minutes from the city and easily accessible by car.

27 Only two hours by car, **Viñales** and its surrounding valley are an easy day trip from Havana. The lush greenery, dramatic sheer rock formations (mogotes), and sprawling farmlands define this Cuban countryside. Traditional agricultural techniques for tobacco production are still in use today and can be seen throughout the valley. Having received a UNESCO World Heritage Site designation in 1999, Viñales has so much to offer. Explore the caves of Cueva del Indio, plan hikes through the forests, or learn how cigars are made at a traditional tobacco farm.

28 What started as an area landfill has now been transformed into a beautiful art space filled with whimsical sculptures and colorful murals. **Casa Cultural: El Tanque** is a community-based art and cultural center, created by the residents of the Luyano neighborhood. The focal point of the property is a converted, century-old water tank, El Tanque, which serves as a performance space for dance and gallery for art exhibits. Free programs and art classes are offered for both children and adults.

29 Established in the 16th century as a Spanish colony, **Trinidad**, in central Cuba, found great wealth from the nearby sugar plantations. (A necessary history lesson can be provided by a short side trip to the Valle de los Ingenios where these sugar plantations proliferated – unfortunately due to the hard labor of thousands of slaves.) Explore this well-preserved UNESCO World Heritage Site by way of its cobblestone streets lined with vibrantly colored homes and colonial mansions around the center of town. The exceptionally large palm trees, wrought-iron benches, and historic statues distinguish Plaza Mayor, the center of Old Trinidad.

30 If you are planning a trip to Trinidad be sure to stop at **Cienfuegos** on the south-central coast. It rose to prominence as a trading hub for agricultural products, namely sugar cane, coffee, and tobacco. Its French colonial roots, combined with Spanish influences, resonate through the city's architecture, which helped it earn a UNESCO World Heritage Site designation. Be sure to walk down the traditional shopping street that leads to Parque Martí, the central square of the town. Ferrer Palace (in the back of the illustration) is located on the west end of the park and worth the visit. A climb up its cupola provides the best view of the city.

COLORFUL HAVANA LOCATIONS—EN ESPAÑOL

Por favor, tome en cuenta que toda la información fue corregida a la hora de la publicación, sin embargo, como todo en la vida, está sujeta a cambios. Feliz explorando!

La Plaza de la Catedral, construida en el siglo XVIII, fue la última de las cinco plazas principales construidas en La Habana Vieja. El punto focal de la plaza y la fuente de su nombre, Catedral de la Habana, se encuentra en el extremo norte de la plaza y la entrada es gratuita (Cuida tus modales - ¡Quítate el sombrero!). Alrededor de la plaza se encuentran mansiones coloniales restauradas, construidas entre 1720 y 1740. Si te interesa este período de tiempo, asegúrate de visitar el Museo de Arte Colonial en el extremo sur de la plaza, donde se exhiben recreaciones de los interiores de estas lujosas casas.

2 El corazón histórico de La Habana, **La Habana Vieja**, se convirtió en Patrimonio de la Humanidad por la UNESCO en 1982. Esta designación atrajo la atención y los recursos necesarios para restaurar el antiguo esplendor de la ciudad colonial de América Latina. Esta zona de La Habana normalmente atrae a los turistas, pero no dejes que eso te impida pasear por esas calles. ¡Hay mucho para explorar y descubrir!

Terminado en 1577, **el Castillo de la Real Fuerza** tiene todos los componentes clásicos de un fuerte: un foso circundante, un puente levadizo, muros de 6 metros de ancho y un escudo de armas. Desafortunadamente, cuando el castillo se completó, su posición final estaba demasiado adentrado en la bahía como para permitir que sus cañones sirvieran en un ataque defensivo efectivo. Como resultado, el Castillo se convirtió en la residencia del gobernador de La Habana. Ahora sirve como un museo.

La música y la danza son parte integral de la vida cotidiana de Cuba. Ya sea mambo, salsa o rumba, la música en vivo se puede encontrar en todas partes de La Habana; bares, cafeterías y, con mayor frecuencia, en las calles. En la ilustración, un miembro de la banda de **Las Músicas** está tocando un güiro, un clásico instrumento cubano hecho de una calabaza seca. El güiro es un componente clave de la mayoría de las secciones de ritmo. ¿Necesitas descansar de tanto explorar? Visita la cafetería con terraza al aire libre en el Hotel Sevilla, a tres cuadras del Parque Central. Es un gran lugar casual para comidas ligeras y música en vivo.

5 **El Malecón** serpentea a lo largo de la Bahía de La Habana y se extiende desde la histórica Habana Vieja hasta el moderno barrio del Vedado. Los lugareños utilizan este paseo marítimo como un lugar para pasar el rato con amigos, practicar sus instrumentos, refrescarse durante las noches de verano, ver el atardecer con sus seres queridos, lanzar largas líneas de pesca y pasear con sus perros. Camina a lo largo en cualquier parte de la calle para disfrutar La Habana como lo hacen los lugareños.

El Caballero de París era una persona de la calle muy conocida y querida que deambuló por las calles de La Habana Vieja durante más de cincuenta años. A través de un discurso amable, ofreció su filosofía de vida a todos los que se cruzaban en su camino y con frecuencia daba pequeños obsequios a los transeúntes. Hoy en día, se puede encontrar una estatua de bronce de este personaje colorido justo afuera de la hermosa Iglesia y Convento de San Francisco de Asís.

Los Paladares (restaurantes de propiedad privada) se pueden encontrar en todas las secciones de La Habana y ofrecen una amplia variedad de opciones gastronómicas. Asegúrate de probar alguna comida cubana auténtica, como el estofado de ternera con verduras y los plátanos fritos (ropa vieja con plantanos maduros), que encontrará en un paladare tradicional. Los platos tradicionales se componen de carne de cerdo, pollo o pescado y suelen acompañarse con arroz y frijoles. Para deleite, prueba la ecléctica cocina mediterránea de Ivan Chef Justo en Habana Vieja frente al Museo de la Revolución o el Café Laurent en el Vedado.

8 Si no tienes la oportunidad de viajar fuera de La Habana, **el Museo Nacional de Historia Natural** ofrece una gran visión general de la flora y la fauna de la isla. Las exhibiciones muestran especímenes encontrados sólo en Cuba y el Caribe, incluyendo nuestro favorito, el esqueleto del extinto Gran Perezoso. El museo ofrece diariamente talleres prácticos y programación educativa orientada a niños.

Establecida en 1519, **la Plaza de Armas** es la más antigua de La Habana y fue el centro de poder de La Habana durante la época colonial. Un área con quinientos años de historia, que incluye piratas saqueadores, batallas navales violentas y guerras contra las potencias coloniales invasoras, es definitivamente una inmersión profunda en la historia de Cuba. Esta plaza, ahora tranquila, alberga un mercado de segunda mano lleno de literatura clásica cubana, libros de historia y recuerdos simbólicos.

10 Una forma fantástica de comenzar su visita en La Habana es con una parada en **Cámara Oscura**, un sitio que ofrece vistas de 360 grados de la Habana Vieja y más allá. Usando una tecnología que se originó con Leonardo da Vinci, esta cámara de reflexión óptica te brinda una perspectiva única de la ciudad y te ayuda a generar ideas sobre lugares para visitar. Una guía, disponible en inglés o español, te lleva por los lugares de interés de la ciudad en aproximadamente 15 minutos. Es una experiencia fascinante para grandes y pequeños.

Después de años de deterioro, **la Plaza Vieja** ha sido restaurada a su antigua belleza colonial. Lo que una vez fueron residencias de comerciantes adinerados ahora son museos y restaurantes. Algunas esculturas modernas alrededor de la plaza agregan un buen contraste a los edificios clásicos. Si viajas con niños, asegúrate de traer un balón de fútbol para un juego espontáneo, ya que es una forma segura de hacer nuevos amigos.

12 Alojarse en una **Casa Particular** es una de las mejores maneras de experimentar la verdadera Cuba y conocer a su gente. Parecido a un "Bed & Breakfast" o una casa de huéspedes tradicional, estas son casas con habitaciones de alquiler a corto plazo que suelen incluir el desayuno como parte de la estancia. Hay muchas opciones excelentes en toda La Habana, una de nuestras favoritas es Casa Marcia, cerca de Plaza Vieja.

13 Lo tradicional y lo turístico al mismo tiempo se puede encontrar en **la Calle Obispo**. Originalmente concebida como una vía para proteger a las personas del sol, la calle se extiende desde la Plaza de Armas hasta el Parque Central. Está lleno de tiendas tradicionales y restaurantes, pero el espíritu de la calle es sus muchos y variados artistas. Los bailarines en zancos, los músicos y los payasos en bicicleta ofrecen un gran entretenimiento a bajo costo (siempre se agradece alguna propina).

14 **El Parque Central** es el corazón del centro de la ciudad. El Gran Teatro do La Habana, el Museo Nacional Palacio de Bellas Artes y varios hoteles se encuentran a su alrededor. Una estatua de José Martí, héroe nacional de Cuba, reside en el centro de este parque con palmeras. El parque es un lugar encantador para observar a la gente. A lo largo de las bancas de piedra, en el extremo sur del parque (mejor conocido como el "rincón caliente"), los fanáticos discuten los detalles más finos del béisbol: quién es el mejor lanzador, quién está lesionado, quién va a las ligas mayores - todo mientras usan las camisetas de su equipo favorito y su equipo de béisbol. ¡Pasión verdadera!

15 La impresionante cúpula de **El Capitolio** es el edificio más notable del perfil de La Habana. Creado en base al Capitolio de los Estados Unidos, este fue el hogar de los cuerpos legislativos del gobierno hasta 1959. Actualmente se están llevando a cabo importantes renovaciones para restaurar su antigua gloria arquitectónica y, cuando se completen, servirán como la sede del

gobierno cubano una vez más. Hay muchos lugares interesantes dentro del edificio, y nuestro favorito es Kilómetro Cero, un diamante de 24 quilates (posiblemente una réplica) ubicado en el piso directamente debajo de la cúpula, desde donde se miden todas las ubicaciones de la isla.

16 Un pasatiempo amado por los cubanos, **el béisbol** se puede ver a nivel profesional en La Habana, con ligas en toda Cuba. El béisbol es tan popular en todo el país que incluso las ciudades más pequeñas tienen un diamante de béisbol. Cuando los niños en las ciudades no tienen acceso a un campo de béisbol, con mucho gusto juegan en la calle - ¡donde no se requiere equipo sofisticado!

17 Con tres veces más residentes que las secciones vecinas de Verdado y Habana Vieja, la vida abunda en las calles del **Centro Habana** (densamente poblado). Los juegos de Domino en el parque, los ciclistas de bicitaxi (híbridos de bicicleta y taxi), los juegos de béisbol callejeros y los vendedores de esquinas resaltan algunas de las facetas interesantes de este vecindario. Desafortunadamente, Centro Habana no ha visto la misma remodelación que otros distritos, pero no juzgues un libro por su portada. Es un gran lugar para experimentar la vida cotidiana cubana.

18 Ver un Ford Thunderbird de 1957 y un Chevrolet Bel Air de 1956 en las calles de La Habana hará que te sientas como si estuvieras en los tiempos pasados. Pero, con tantos automóviles estadounidenses viejos todavía en las carreteras, después de un tiempo se convierte en algo común. A lo largo de los años, las piezas de repuesto han sido difíciles de encontrar en Cuba, por lo que ingeniosos mecánicos han reparado y construido piezas hechas en casa que permiten prolongar la vida de estas bellezas antiguas.

19 Influenciado por las múltiples facetas de las religiones afrocubanas, **el Callejón de Hamel** es una calle sinuosa en la parte norte de Centro Habana repleta de arte vibrante y ecléctico. Pasea por los coloridos murales y disfruta de la colección de artefactos religiosos, santuarios de la santería y bañeras decoradas, ahora convertidas en sofás que bordean la pasarela. Tiendas pequeñas venden una variedad de artículos religiosos y artesanías tradicionales cubanas. Los verdaderos colores de esta área cobran vida los domingos por la tarde, cuando las bandas afrocubanas tocan rumbas y comienza el baile.

20 Producir productos frescos de la granja siempre es un placer. En La Habana, los mercados de agricultores (agropecuarios) se encuentran en los barrios de toda la ciudad y ofrecen una variedad de productos agrícolas y productos caseros. Cuando viajes fuera de La Habana, busca puestos de frutas y verduras al costado de la carretera. Seguramente encontrarás productos frescos de las granjas vecinas, como mangos, plátanos, yuca, melones y mini bananas.

21 Ninguna visita a La Habana está completa sin un paseo en **Coco Taxi**. Llamados "Cocos" debido a su parecido con los cocos, estos taxis están impulsados por motores ruidosos de motocicletas... así que no planees ninguna conversación con el conductor. Vienen en dos colores: amarillo para los turistas y azul para los locales. Los taxis Coco tienen capacidad para dos o tres pasajeros, pero ten cuidado, ya que no tienen cinturones de seguridad. Al igual que con todos los viajes en taxi, asegúrate de ponerte de acuerdo con el conductor en términos del destino y el precio con anticipación. Siéntate, agárrate, ¡y disfruta el viaje!

22 Al momento de escribir estas líneas, los cubanos todavía usan un pequeño folleto (libreta) para sus raciones mensuales de productos básicos de alimentación asignados por el gobierno, como huevos, harina y carne. **Bodegas**, o mercados pequeños, proporcionan estos productos y también venden otros alimentos por dinero. Como una parte central de la comunidad, estos mercados sirven como un intercambio de noticias locales y una fuente de información sobre los acontecimientos del vecindario.

23 Ninguna visita a La Habana está completa sin una parada en la histórica Heladería **Coppelia**. Se dice que el propio Fidel Castro dirigió el esfuerzo de construir esta primera tienda a principios de la década de 1960 como resultado de su pasión por el helado. La orden más común, la "ensalada", consiste en cinco grandes bolas de helado en su icónico tazón ovalado. Claro, habrá una larga fila, pero vale la pena la espera.

24 **La Plaza de la Revolución** fue creada en la década de 1920, sin embargo, no fue utilizada para discursos políticos y mítines hasta después de la revolución de 1959. En la ciudad llena de gente, su gran espacio abierto de 11 acres es una vista bastante inusual. Para una visita única a la Plaza, asegúrate de tomar uno de los viejos automóviles estadounidenses que ahora funcionan como taxis. Los autos de alquiler se encuentran fácilmente en los hoteles cercanos al Parque Central y en secciones de Habana Vieja.

25 José Fuster pensó que le aportaría un poco de color a su hogar al agregar un mosaico de azulejos a su exterior. Lo que comenzó como un pequeño esfuerzo para embellecer su hogar se convirtió en **Fusterlandia**. Este espectacular complejo contiene innumerables obras fantásticas de arte popular, así como una galería pública y su taller. ¡Asegúrate de explorar las calles de los alrededores para ver estas creaciones en mosaico en hogares y buzones, en paradas de autobús y en casi cualquier cosa que no se mueva! Este arte orgánico es realmente un caramelo visual.

26 Cuba está llena de hermosas playas, desde el Océano Atlántico hasta el Mar Caribe. Un día en la playa es una distracción agradable del bullicio de la Habana. **Playa Boca Ciega** es una excelente opción entre las pocas playas de Playa del Este. Descansa y juega en el agua tibia durante unas horas, o pasa el día relajándote en la hermosa arena blanca. Está a solo 30 minutos de la ciudad y es fácilmente accesible en coche.

27 A solo dos horas en coche, **Viñales** y sus valles de alrededor se encuentran a poca distancia de La Habana. La exuberante vegetación, las espectaculares formaciones rocosas (mogotes) y las extensas tierras de cultivo definen este campo cubano. Las técnicas agrícolas tradicionales para la producción de tabaco todavía se usan hoy en día y se pueden ver en todo el valle. Habiendo recibido la designación de Patrimonio de la Humanidad por la UNESCO en 1999, Viñales tiene mucho que ofrecer. Explora las cuevas de la Cueva del Indio, planea caminatas por los bosques o aprende cómo se hacen los cigarros en una plantación de tabaco tradicional de la zona.

28 Lo que comenzó como un tiradero de basura ahora se ha transformado en un hermoso espacio de arte lleno de esculturas fantásticas y coloridos murales. **Casa Cultural**: El Tanque es un centro de arte y cultura basado en la comunidad, creado por los residentes del barrio de Luyano. El punto focal de la propiedad es El Tanque, el cual es un tanque de agua que tiene cien años y sirve como un espacio para presentaciones de baile y como una galería de exposiciones de arte. Se ofrecen programas gratuitos y clases de arte para niños y adultos.

29 Establecida en el siglo XVI como colonia española, **Trinidad** está en el centro de Cuba, y encontró una gran riqueza gracias a las plantaciones de azúcar cercanas. (Una lección de historia necesaria puede ser proporcionada por un corto viaje al Valle de los Ingenios donde estas plantaciones de azúcar proliferaron, desafortunadamente debido a la ardua labor de miles de esclavos.) Explora este Patrimonio de la Humanidad que ha sido bien preservado al viajar a través de sus calles empedradas que están bordeadas de casas de colores vibrantes y mansiones coloniales alrededor del centro de la ciudad. Las palmeras excepcionalmente grandes, los bancos de hierro forjado y las estatuas históricas distinguen a la Plaza Mayor, el centro de la Vieja Trinidad.

30 Si estás planeando un viaje a Trinidad, asegúrate de detenerte en **Cienfuegos**, en la costa centro-sur. Se destacó como un centro comercial para productos agrícolas, como la caña de azúcar, el café y el tabaco. Sus raíces coloniales francesas, combinadas con influencias españolas, resuenan a través de la arquitectura de la ciudad, lo cual le ayudó a obtener la designación de Patrimonio de la Humanidad por la UNESCO. Asegúrate de caminar por la calle comercial tradicional que conduce al Parque Martí, la plaza central de la ciudad. El Palacio Ferrer (en la parte posterior de la ilustración) se encuentra en el extremo oeste del parque y vale la pena visitarlo. Una subida a su cúpula proporciona la mejor vista de la ciudad.

PLAZA DE LA CATEDRAL

HABANA VIEJA

CASTILLO DE LA REAL FUERZA

LAS MUSICAS

MALECÓN

EL CABELLERO DE PARÍS

LOS PALADARES

PEREZOSO CUE[...]
GIGANTE DE [...]

MUSEO NACIONAL DE HISTORIA NATURAL

PLAZA DE ARMAS

CÁMARA OSCURA

PLAZA VIEJA

CASA PARTICULAR

PARQUE CENTRAL

EL CAPITOLIO

EL BÉISBOL

CENTRO HABANA

LOS AUTOMÓVILES

COCO TAXI

PLAZA DE LA REVOLUCIÓN

PLAYA BOCA CIEGA

CASA CULTURAL

TRINIDAD

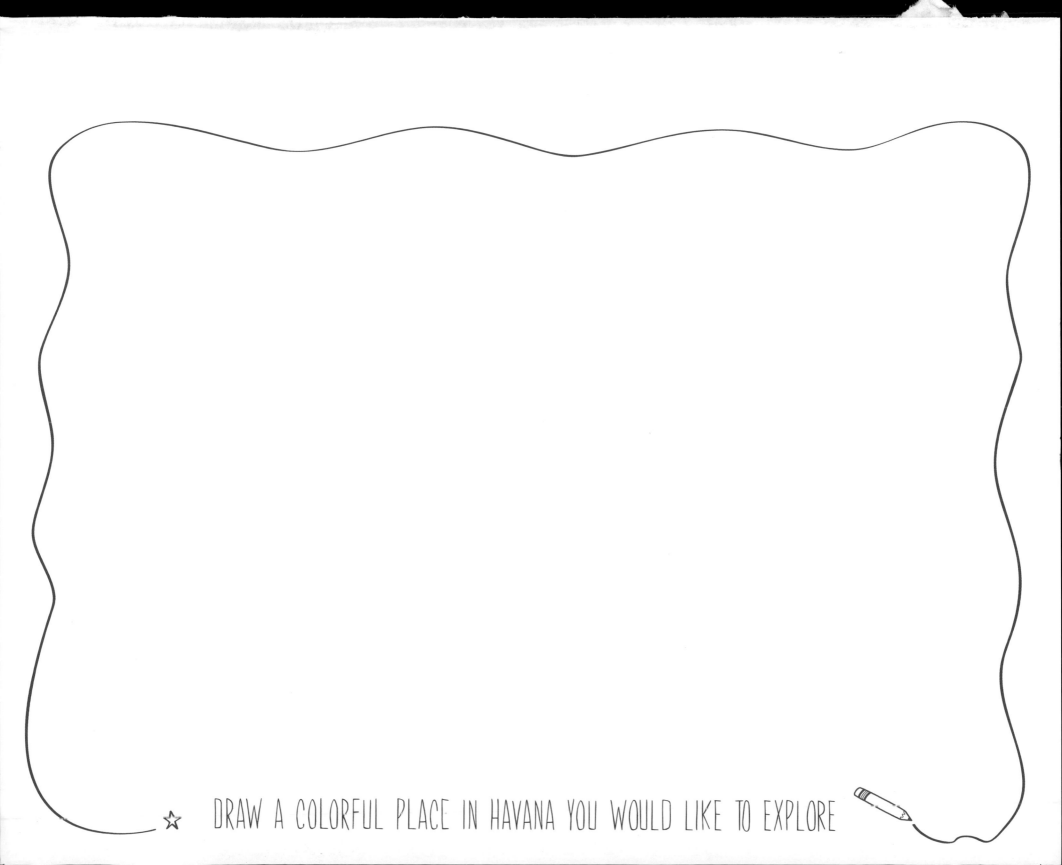

DRAW A COLORFUL PLACE IN HAVANA YOU WOULD LIKE TO EXPLORE